VOLUME 2.
FLOWER
Mandala Adult Coloring Book

COLOR TEST PAGE

COLOR TEST PAGE

www.ingramcontent.com/pod-product-compliance
Lightning Source LLC
Chambersburg PA
CBHW080553190526
45169CB00007B/2752

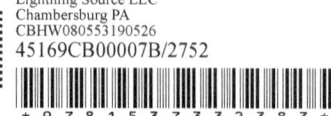